İŞ DÜNYASI IÇIN UZUN KUYRUK TEORISI

Nişinizi bulmak ve işinizi gelecekten korumak

50MINUTES.com

İŞ DÜNYASI IÇIN UZUN KUYRUK TEORISI

Nişinizi bulmak ve işinizi gelecekten korumak

tarafından yazılmıştır Ariane de Saeger
tarafından çevrildi Baris Şahin

İŞ DÜNYASI İÇİN UZUN KUYRUK TEORİSİ

ANAHTAR BİLGİLER

- **Adı:** uzun kuyruk teorisi.

- **Kullanım Alanları:** Bu kavram, bir şirket tarafından sunulan ve yalnızca birkaç adet satılan, ancak satışlarının toplamının en çok satan ürünlerden elde edilen geliri aşabileceği tüm ürünleri ifade eder. Bu, en popüler ve en çok satan ürünlerin cironun yalnızca küçük bir kısmına katkıda bulunduğunu, kitle etkisinin daha marjinal ürünler lehine güçlü bir şekilde oynadığını söylemekle aynı şeydir.

- **Neden etkilidir?** Böyle bir stratejinin dahil edilmesi, bir şirketin tüm ürün portföyünden sürekli satışlardan yararlanmasını sağlar.

- **Anahtar kelimeler:**

  - <u>Bestseller</u>: genellikle yüksek bir reklam bütçesi ayrılan ve rekor gelir elde eden amiral gemisi bir ürün.

  - <u>E-ticaret</u>: çevrimiçi ticaret (internet üzerinden).

  - <u>Fırsat maliyeti</u>: Kaynakların bir işleve diğerinden daha fazla yatırılmasından kaynaklanan kaybın göstergesidir.

- Kâr: bir eylemden elde edilen finansal kazanç. Örneğin, bir satış kar veya zarar yaratabilen bir eylemdir.

- Kârlı: Ödül veya belirli bir miktarda kâr sağlayan şey.

- İstatistik: eğilimlerin gözlemlenmesine olanak tanıyan bir grup birey veya birimle ilgili bir dizi veri.

- Ciro: bir şirket tarafından sunulan mal ve hizmetlerin satışından elde edilen kümülatif ve kayıtlı değer – genellikle bir yıllık bir süre boyunca –.

GİRİŞ

Uzun kuyruk teorisi 2004 yılında Chris Anderson (*Wired* dergisi editörü, 1961 doğumlu) tarafından ortaya atılmış ve Clay Shirky (yeni bilgi ve iletişim teknolojileri uzmanı, 1964 doğumlu) tarafından yazılan ve bazı blogların kendilerine işaret eden önemli sayıda web bağlantısına sahip olduğunu, ancak blogların çoğunun kendilerine işaret eden çok az sayıda bağlantıya sahip olduğunu belirten bir makaleden kaynaklanmıştır.

Chris Anderson, (dijital ekonominin bir parçası olarak) mevcut ve gelecekteki ekonomik modelleri açıklamaya çalışmak için bu düşünceyi geliştiriyor. Ona göre, düşük talep gören tüm ürünlerin toplu olarak nasıl önemli bir ciro yaratabileceğini anlatıyor.

Ancak, uzun kuyruğun ekonomik modelini mümkün kılan dijital teknolojilerin ortaya çıkması ve kullanımının artmasıdır: dijital ürünleri (e-kitaplar, çevrimiçi filmler, müzik vb.) pazarlarken çok düşük depolama maliyetlerinden, bazen sıfır veya 'sanal', yararlanan girişimciler artık çevrimiçi olarak geniş bir katalog sunabilir, bu da arzı çeşitlendirir ve marjinal varlıkları tercih edenleri memnun eder.

MODELİN TANIMI

Uzun kuyruk, bir şirketin en popüler ürünleri – "en çok satanlar" – ve daha spesifik ve marjinal ürünler de dahil olmak üzere tüm ürünleri için ciro dağılımını gösteren ekonomik ve istatistiksel bir kavramdır. Dolayısıyla bu, ticari ve pazarlama stratejileri geliştirmek için bir araçtır.

Model iki unsurdan oluşmaktadır:

- Her biri yüksek satış oranı sağlayan sınırlı sayıda popüler veya yüksek talep gören ürünlerle karakterize edilen 'baş';

- Her biri düşük satış oranı sağlayan çok sayıda niş veya düşük talepli ürünle karakterize edilen 'kuyruk'.

TEORİ

Uzun kuyruk teorisi Chris Anderson tarafından Amazon (özellikle kitaplar için), Rhapsody (çevrimiçi müzik indirme), eBay (ikinci el ürünler) ve Netflix (film izleme) gibi çeşitli e-ticaret sitelerini analiz etmesinin ardından popüler hale gelmiştir. Bu keskin analist, incelenen vakalarda, en popüler ürünlerin satışlarının toplam cironun yalnızca bir kısmını temsil ettiğini, yani satışların karlılığının yalnızca en iyi ürünlere bağlı olmadığını belirtmiştir. Bu olguyu göstermek için en çok satan kitabı *The Long Tail'i (Uzun Kuyruk)* yazdı.

Bu yeni konsept en başından beri birçok iş stratejisine ve ekonomik modele meydan okudu; çünkü yazar bazen sadece çok satan kitapları satmanın daha kârlı olduğunu iddia ediyor ki bu argüman kesinlikle kanıtlarla destekleniyor.

BİLEŞENLER

Uzun kuyruk: 'baş' ve 'kuyruk'

Hem istatistiksel hem de stratejik olan bu kavram, genellikle yatay eksende (X) satılan ürünleri ve dikey eksende (Y) satış sayısını gösteren bir grafik olarak temsil edilir.

Mavi bölüm – 'baş' – sadece birkaç ürünün rekor sayıda satış yaptığını gösterirken, sarı bölüm – 'kuyruk'

– ürünlerin çoğunun çok küçük miktarlarda satıldığını göstermektedir.

80-20 kuralı ve uzun kuyruk

Pareto İlkesi olarak da bilinen ve cironun %80'inin ürünlerin %20'sinin satışından elde edildiğini iddia eden 80-20 kuralı, uzun kuyruk teorisi tarafından şüpheyle karşılanmaktadır. Aslında Chris Anderson, 80-20 kuralının yalnızca tam olarak kullanılmayan niş pazarlar için geçerli olduğunu göstermektedir.

Günümüzde NITC (yeni bilgi ve iletişim teknolojisi) sayesinde üretim ölçeğini küçültebiliyor, ürünleri farklılaştırabiliyor ve uygun depolama maliyetlerinden yararlanmak için yeni bilgi teknolojilerini kullanabiliyoruz. Dahası, arama motorları sayesinde tüketici seçimi kolaylaşmakta ve sunulan ürün yelpazesi tüketicinin aradığını bulmasını sağlamaktadır. Dijital olmayan bir pazardaki tüm bu düşük talepli ürünler, internet ölçeğinde – ve dolayısıyla küresel ölçekte – çok sayıda müşterisi olan ürünler haline gelmektedir. Bu ürünler daha sonra ciro için popüler ürünler kadar faydalı olabilir ve hatta 80-20 kuralını tersine çevirebilir.

Pareto'nunki gibi bir teoriyi kökten çürütmeden önce, bağlam değiştiğinde teorinin tüm içsel kurallarının artık geçerli olmadığını gösterebilmek gerekir. Anderson'a göre, arz ve talebin tüm kısıtlamaları ortadan kalktığında ve tüketici tüm ürünlere erişebildiğinde, uzun kuyruk otomatik olarak çizilir.

Ancak gerçekte durum çok daha karmaşık görünmektedir: piyasanın uzun kuyruğun çekiciliğini görmezden gelmesi söz konusu değildir, daha ziyade hedef piyasa bunun faydalarına izin vermemektedir. Bu durum, talebin çok düşük olduğu ve maliyetlerin neredeyse hiç optimize edilemediği (lojistik maliyetleri, iletişim, vs.) ürünler için geçerlidir. 80-20 kuralı yalnızca bazı pazarlar ve ürünler için reddedilebilir: dijital olanlar. Bu gerçeklikten yararlananlar, esas olarak BT pazarlarıdır.

 **ÖZET OLARAK**

Uzun kuyruk teorisinde söz konusu olan ürünler esasen kitap, müzik, film vb. gibi dijitalleştirilebilen ürünlerdir.Dahaöncedebelirtildiğigibi,bazıürünlerin-örneğin gıda - dijital ürünlerin doğal avantajlarından faydalanması zordur.

Bu nedenle, uzun kuyruk gibi bir iş modeline sahip şirketlerin çeşitlendirmeyi ve ürünlerinin dijitalleştirilmesini savundukları varsayılmaktadır.

Üretim, depolama ve istatistiksel dağıtım maliyetleri

Uzun kuyruk olgusu, dijitalleştirilmiş ürünlerin maliyetleri düşürerek karlılığı artırdığını varsaymaktadır. Girişimcilerin karşılaştığı çeşitli maliyetler bu düşüş eğiliminden etkilenmektedir. Bu maliyetler temel olarak üretim, depolama ve dağıtımla ilgili olanlardır.

• **Üretim.** Dijital bir işletmenin iş modeli, kullanıcılar tarafından üretilen verilerin yoğun bir şekilde kullanılmasına dayanmaktadır. Kullanıcının bir veri üreticisi olarak görülmesiyle dijital şirketler çok yüksek getiri oranları elde etmeyi başarmaktadır. Dijital geleceğin merkezinde bu verilerin etkin bir şekilde işlenmesi ve kullanılması yer almaktadır. Birçok uzman, tüketiciyi dijital üretim zincirinin kilit bir parçası olarak tanımlamıştır. Eskiden şirketler, üretim sürecinin bir kısmını dış kaynak kullanarak içeride ya da dışarıda üretebiliyordu. Şimdi ise yeni bir alternatif ortaya çıkıyor: Kullanıcı tarafından üretilen ücretsiz çalışmalar. Bu çalışma gönüllü olarak içerik üreten katılımcılar tarafından yapılmaktadır. Üçüncü bir olasılık, bir platform (forum) sağlanması yoluyla çalışanların müdahalesi olmadan kullanıcıların birbirlerine yardım etmesine izin vermektir. Bu şekilde, veri işlemenin yanı sıra, dijital ekonomi, hedeflenen bir üretime ve potansiyel olarak yüksek karlılığa izin veren kullanıcı ile bir 'ortak üretim' veya 'ortak üretim'e sahiptir. Sonuç olarak, dijital ekonomi kullanıcı verilerini alır, analiz eder, somut ihtiyaçlara dönüştürür ve bunlara yanıt veren bir hizmet ya da ürün sunar. Kullanıcıların kişisel verilerinin ve bu verilere ilişkin yasal çerçeve eksikliğinin potansiyel olarak istismara yol açabileceğini unutmayın.

- **Merkezi stok veya paylaşılan stok.** Depolama hiçbir zaman yok değildir, ancak dijital ekonominin bir parçası olarak önemli ölçüde azaltılabilir. Örneğin Amazon bir 'siber stok' oluşturdu: ürünler çevrimiçi olarak sunulup satılırken ortak mağazalarda stoklanıyor. Bu strateji ile bu dev, ürünlerini milyonlarca mağazada hiçbir ücret ödemeden depolamayı başarmıştır. Bir başka ilginç örnek de iTunes'un depo, paketleme, personel, yönetim vb. maliyetlerini azaltmak için kullandığı dijital stoktur.

- **Çeşitlendirilmiş dağıtım.** Uzun kuyruk teorisinden etkin bir şekilde yararlanmak için tüketiciye bir ürünü elde edebileceği çeşitli kanallar sunulmalıdır; bazıları internetten satın almayı tercih ederken, diğerleri bir mağazaya gitmeyi tercih eder. Dağıtım kanalları ne kadar çeşitli olursa, tüketiciler o kadar çok tatmin olacak ve satışlar o kadar yüksek olacaktır.

Dijitalleşme hem satıcıya hem de tüketiciye fayda sağlıyor:

- Satıcıların artık büyük ölçekli dağıtımda olduğu gibi aracı kullanmasına gerek yoktur. Bu nedenle kar marjları daha yüksektir.

- Çeşitli düzeylerde (film, müzik, içerik, yazılım vb.) kitlesel dijital ürünleri tüketen birey, farklı dağıtım kanallarını ve sanal ve/veya belirli ürünlerin çeşitliliğini tam olarak takdir etmektedir;

- Arz ve talep uygun bir bağlamda buluşuyor.

Kültürel ve ekonomik sonuçlar

İnternet kullanımındaki büyük artış göz önünde bulundurulduğunda, pek çok kişi özellikle kültürel çeşitlilik ve eğlence endüstrisi üzerindeki etkilerle ilgilenmektedir. Bu nedenle, Chris Anderson'a göre:

- Fırsat maliyetini kısmen etkileyen depolama maliyeti çok yüksekse, bir şirketin veya daha geniş anlamda bir sektörün ürün yelpazesi kaçınılmaz olarak sınırlıdır ve sadece uzun kuyruğun bir kısmını, 'başı' oluşturur. Tüm tüketicilerin isteklerini karşılamaktan uzak olan bu amiral gemisi ürünlere ihtiyaç duyulmakta ve çeşitlilik için çok az yer bırakmaktadır.

- Tersine, depolama maliyetleri düşük olduğunda, uzun kuyruğun 'kuyruğu' şirketler tarafından kullanılabilir ve popüler ürünlerden hoşlananların yanı sıra azınlıkları ve daha az popüler zevklere sahip olanları da tatmin edebilir.

Birkaç örnek, bu ekonomik ve kültürel meseleyi görselleştirmemizi sağlıyor:

- kitap endüstrisi

- televizyon programlari

- müzik endüstrisi

- vb.

Bu nedenle, depolama maliyeti nispeten düşük olduğunda, TV kanalları, kitap endüstrisi, müzik endüstrisi vb. aslında tüketicilere çok daha geniş bir seçenek sunabilir ve sonuç olarak daha fazla karlılıktan yararlanabilir.

Bazıları internetin kültürel ürün pazarını desteklediği ve dijitalleşme nedeniyle depolama maliyetlerinin getirdiği fiziksel sınırlamaların ortadan kalkma eğiliminde olması nedeniyle 'ana akım' (yani 'en çok sayıda kişi

tarafından kabul edilen' veya 'orijinal olmayan') döne-
min sona erdiği sonucuna varıyor.

Referans verme stratejisi ve uzun kuyruk

Uzun kuyruk teorisi, referans verme ve Arama Motoru
Optimizasyonunu (SEO) özellikle iyi bir şekilde örnek-
lendirmemizi sağlar ve genellikle optimize edilmiş stra-
tejiler sayesinde bir ürün kataloğunun çevrimiçi satışı
ile mümkün olur.

REFERANSLAMA NEDIR?

Referans verme, ürünlerle ilişkilendirilecek terimlerin
seçilmesi anlamına gelir. İki farklı bağlamda ele alın-
maktadır:

<u>Büyük ölçekli dağıtımda</u>. Ürünler, kolay tanımlama ve
envanter yönetimi (tedarik, depolama ve çıkışlar) için
referanslandırılır. Bu referans numaraları normalde
kataloglarda ve raflarda bulunabilir ve genellikle bil-
gisayarlı bir sistem aracılığıyla envanter bakımına
olanak sağlar. Ayrıca, büyük ölçekli dağıtımda referan-
slama, daha tutarlı içerik sağlanmasına yardımcı olur
ve halihazırda böyle olmadığında çevrimiçi satışa
dönüştürmeyi kolaylaştırır.

<u>İnternet üzerinde (Arama Motoru Optimizasyonu)</u>.
Optimal SEO, bazı sitelerin web üzerindeki görünür-
lüğünü ve konumunu iyileştirmeyi amaçlar. Sürekli
dikkat gerektiren bu çalışma, kullanıcıların aradıklarını
bulmak için potansiyel olarak bir arama motoruna

(Google, Yahoo, vb.) girebilecekleri anahtar kelimeler yelpazesine dayanmaktadır.

Uzun kuyruk kavramını web referans politikalarına uygularken, bu, belirli bilgi veya temalara, çoğunlukla bariz ve popüler terimlere ve bunların daha az popüler, daha az rekabetçi ve daha marjinal eşanlamlılarına yol açabilecek tüm anahtar kelimelerin toplanmasını içerir. Bu anahtar kelimeler tek başlarına çok az trafik yaratır, ancak toplamları en etkili terimlerden daha fazla katkı sağlar.

Bu nedenle, arama motoru optimizasyonu için bir strateji geliştirirken bu gözlemleri dikkate almak önemlidir. Öne çıkarmak istediğiniz ürünlere ve dolayısıyla bunlarla ilişkilendirmeniz gereken anahtar kelimelere bağlı olarak farklı zorluklarla karşılaşacaksınız.

- **Daha az popüler aramalarda kendinizi doğru konumlandırmak kolaydır.** Bir yandan, daha az popüler aramalarda kendinizi konumlandırmak genellikle hızlı ve kolaydır çünkü belirli bir şey arayan kullanıcı, isteklerine yanıt vermesi muhtemel sitelere doğru şekilde yönlendirilecektir. Bu da uzun kuyruğunuzun 'kuyruğunu' etkili bir şekilde besler.

- **Rekabetçi aramalarda kendinizi doğru konumlandırmak zordur.** Öte yandan, rekabetçi aramalarda kendinizi doğru konumlandırmak zor, zaman alıcı ve pahalıdır çünkü bu tür aramalar hedefe yönelik değildir ve her türlü belirsiz ziyaretçiyi çekebilir, uygun bir ürün sunmanızı ve kendinizi doğru konumlandırmanızı (kaliteli kişiselleştirilmiş hizmet yoluyla) engeller. Bu durumda, belirli bir şey arayanların, aradıklarını bulamadıkları için sitenizden hızla ayrılma ihtimali yüksektir. Ancak bu strateji, uzun kuyruğun 'başı' olan en çok satan ürünlerinizi daha iyi konumlandırmanıza yardımcı olacaktır.

PRATİK UYGULAMA

TAVSİYELER VE EN İYİ İPUÇLARI

Kural No. 1 - Genişletilmiş bir dijital ürün kataloğu

En marjinal ihtiyaçları karşılamak ve mümkün olduğunca çok tüketiciye ulaşmak için ideal olarak çok çeşitli dijital ürün kataloğu sunabilmelisiniz.

Kural No. 2 - Üretim, depolama ve dijital dağıtım

- **Ortak üretim,** işin bir kısmının müşteriler tarafından yapılmasına izin verilmesini içerir. Kullanıcılar tarafından sağlanan verilerin verimli kullanımı, dijital ekonomi ile ilgili sorunların merkezinde yer almaktadır.

- Dijital ürün, fiziksel olarak **dağıtıldığı** zamanki kadar çok kopya üretilmemelidir, bu da girişimci tarafından bir avantaj olarak değerlendirilmelidir.

- Dijital **depolama,** girişimcinin fiziksel dağıtım durumlarında karşılaştığı maliyetlerin büyük kısmını azaltır.

Kural No. 3 - Görünür ve erişilebilir ürünler

Günümüzde internet kullanımı hem özel hem de profesyonel bağlamda yaygınlaşmakta ve kullanıcılar arama motorlarını kullanmaya daha alışkın hale gelmektedir; bu da aradıkları bilgiyi bulmak için anahtar kelimelerini metodik olarak seçtikleri anlamına gelmektedir.

- **Anahtar kelimelerin önemi.** Anahtar kelimeleri dikkatli ve özenli bir şekilde seçmek önemlidir: hem uzun kuyruğun 'başını' besleyecek olanlar hem de 'kuyruğunu' besleyecek ikincil anahtar kelimeler. Bu süreç uzun ama etkili ve kârlıdır.

- **İçeriğin önemi.** Web sitenize gelen trafiği etkileyecek olan yalnızca ikincil anahtar kelimelerin sayısı değil, aynı zamanda ve muhtemelen daha da önemlisi içeriğinizdir. Aslında, herhangi bir somut bilgi içermeyen belirli anahtar kelimeler, site sayfalarınıza yalnızca sınırlı trafik sağlayacaktır.

- **Gizli maliyetleri dikkate almak.** Dijital çağın bazen gizli maliyetleri olduğundan temkinli olmalısınız. Sungard (Fransa'da küresel BT çözümleri sağlayıcısı) tarafından 150 profesyonel arasında yapılan bir Avrupa araştırmasına göre, bir şirketin bakım maliyetleri, lisansları, yazılımları ve öngörülemeyen maliyetleri yılda ortalama 597.700 Euro'dur.

Bu nedenle, sözcüksel arama yelpazesini dikkatlice oluşturmak ve kaliteli metinsel içerik sunmak, müşteri çekmek isteyen herkes için zorunlu hale gelmiştir.

 **TAVSIYE VE ÖNERILER**

Kârlı bir uzun kuyruk stratejisi geliştirmek için, kendinizi çok sayıda küçük hedefli arama arasında başarılı bir şekilde konumlandırmalısınız. Bunu yaptığınızda sitenize gelen trafik artacaktır. Aşağıdaki ipuçlarını aklınızda bulundurun:

Kullanıcıların gelecekteki tüm taleplerine yanıt vermeye çalışmak için somut arama terimlerini düşünün ve toplayın;

Terimler belirlendikten sonra, bunları gelecekteki sitenizin metin içeriğine ekleyin;

Metin içeriğiniz yüksek kalitede olmalıdır: sitenize sadece içerik eklemek için içerik eklemek iyi değildir; kullanıcılara değerli bilgiler sağlamalısınız, aksi takdirde sayfanızı veya sitenizi hemen terk edeceklerdir;

Okuyucunun dikkatini çekecek ve sitenizi ziyaret etmeleri için onları motive edecek bir başlık seçin;

Başlıklarınız ve paragraflarınız için bir hiyerarşi oluşturun;

Metninize yeterli sayıda anahtar kelime yerleştirin;

Sitenizin imajını korumak için diğer sitelere verilen bağlantıları dikkatle seçin ve kaliteli bağlantıları tercih edin;

Google ile içerik yazma konusunda (sitenize gelen ziyaretçi sayısına bağlı olarak) bir 'uzman' olun.

 **EK BİLGİ**

Genel anahtar kelimeler (bir dizi daha spesifik kelimeyi kapsayan genel anlamlar) rekabetçidir ve yaklaşık iki kelimeden oluşur. Örneğin, eşanlamlı kelimeler için bir site arayan bir kişi "eşanlamlı + [aradığı kelime]" yazacaktır. Bu arama yalnızca en çok kullanılan siteleri gösterecektir.

Buna karşılık, ikincil anahtar kelimeler daha az popüler ancak daha spesifiktir. Bu, örneğin, belirli bir içerik arayan kullanıcı tarafından daha hedefli bir aramayı yansıtan bir ifade (üç ila beş kelime veya daha fazla) olabilir.

ÖRNEK OLAY İNCELEMESİ – ÇEVRİMİÇİ KİTAPÇI

Bağlam

Bir kitapçı 'Y', kitap piyasasındaki rekabet ve depolama ve üretim açısından karşılaştığı maliyetler göz önüne alındığında, çevrimiçi dijital kitap satan bir web sitesi oluşturmanın daha faydalı olacağına karar verir. Web'de halihazırda mevcut olan rekabetin farkında olarak, optimum bir SEO stratejisi uygulayarak web sitesini görünür kılmaya özen gösterecektir. Bu, siteyle ilişkilendirilmesini istedikleri anahtar kelimelerin tanımlanmasını içerir. Başka bir deyişle, kullanıcının bir arama motoruna girmesi muhtemel olan ve mümkün oldu-ğunca doğrudan Y'nin kitap sitesine yönlendirecek anahtar kelimeleri tanımlayacaklardır.

Çeşitlendirilmiş bir ürün yelpazesine sahip olmak

İnternet üzerinden kitap satışında artan rekabetle (Amazon, Fnac, Numilog, vb.) başa çıkmak için kitapçının çeşitlendirmekten veya belirli bir kitleyi hedeflemekten başka seçeneği yoktur. Bu nedenle satıcı, çevrimiçi mağazasında hem en çok satanlar hem de daha özel çizgi romanlar olmak üzere dijital çizgi romanlar sunmaya karar verir.

Sabit maliyetlerin en aza indirilmesi

Y, çizgi romanları online olarak sunarak sabit maliyetlerden (depolama, üretim ve dağıtım – 'Teori' bölümünde incelenen kavramlar) tasarruf edecektir. Bununla birlikte, online satışların içerdiği gizli maliyetleri de hesaba katmalıdırlar:

- dönüştürme maliyetleri veya dosyaların dijitalleştirilmesi

- dijital depolama maliyetleri

- saha güvenlik maliyetleri

- yayıncılık sözleşmelerinin uyarlanmasıyla ilgili yasal ücretler.

Web sitesi bakımı, güncellemeler vb. gibi diğer maliyetler daha sonra ortaya çıkacaktır.

Görünürlük

Kitap satıcısı, anahtar kelimelerini ne kadar genel olursa ('kitaplar' veya 'satış' gibi ya da 'en çok satanlar' gibi insanların görmek istediği anahtar kelimeler), bilgi akışı içinde kaybolma olasılıklarının o kadar yüksek olacağını göz önünde bulundurarak dikkatle seçmelidir. Bu genel anahtar kelimeler, arama motorları tarafından oluşturulan toplam trafiğin yalnızca yaklaşık %20'sini temsil etmektedir. Ancak, biraz daha odaklanmış bir şekilde seçilirlerse (satıcının faaliyetine göre), doğrudan %20'den fazlasını temsil edeceklerdir. Kitapçıyı online kitap satan büyük şirketlerden ayırmak için, site içeriğine özel anahtar kelimeler seçmeleri ve kendilerini özel bilgi arayan internet kullanıcılarının yerine koymaları gerekecektir.

Anahtar kelime seçiminin yanı sıra, kitabevinin sitenin metin içeriğini de çekici, ilginç, alakalı ve ayrıntılı hale getirmek için optimize etmesi gerekecektir. Bunu yaparken, uzun kuyruğun (sektörün) 'kuyruğunu' besleyecektir. Örneğin, belirli arama motoru kullanıcılarıyla eşleşmek için belirli metin içeriği içeren bir ana sayfa seçeceklerdir. Bu içeriğin bazı bölümlerinin başlangıçta anahtar kelimeleri kullanan kişiler tarafından dikkate alınmayacağını ve bunun yalnızca 'steril' trafik oluşturacağını unutmayın. Öte yandan, kitap satıcısı tarafından anahtar kelime olarak düşünülmeyen bazı kelimelerin ortaya çıkma ihtimali de yüksektir.

Kitap satıcısının dijital bir ürün sunmadan önce birkaç adımdan geçmesi gerekecektir.

1. Ziyaretçinin dikkatini çekmek için bilgileri görünür ve tutarlı bir şekilde yapılandırmak.

2. Kendilerini konumlandıracakları anahtar kelimeleri seçin (eşanlamlılar, ifadeler, vb.). Hatta çizgi roman pazarındaki rekabeti bulmak için arama motorlarında eğitim alarak ileriye dönük bir çalışma yapmayı bile seçebilirler.

3. Seçilen anahtar kelimelerin ve ifadelerin görüneceği kaliteli metin içeriği oluşturun.

Bu arada, ziyaretçilere sunulan ürün, farklı bir kitleye ulaşabilmek için yeterince çeşitlendirilmiş olmalıdır.

- 22 -

ETKİ

SINIRLAMALAR VE ELEŞTİRİLER

Chris Anderson'ın kültür sektörüne ilişkin analizi, kendisi gibi sektör için avantajlı ve cazip bir sonuç hissedenler tarafından alkışlanıp desteklenirken, gerçekler ve çeşitli analizler bu analizin geçerliliğini ve piyasanın yapısına ilişkin sonuçlarını çürütecek ya da en azından bağlamından koparacaktır.

İnternette bile, uzun kuyruk eskisinden daha fazla satış üretmiyor

Spotify'ın direktörü Will Page, online müzik satışlarını analiz etti. Mevcut 13 milyon eserden 10 milyonunun hiç satış yapmadığını; satışların %8'inin 40 eserden geldiğini ve satılan toplam eserlerin %3'ünün cironun %80'ini oluşturduğunu belirtti. Ona göre ve analizinin ışığında, çok satanlar ekonomisi henüz sona ermiş değil.

Çok satanlardan elde edilen gelir, uzun kuyruğun 'kuyruğunun' oldukça üzerinde kalmaktadır

Fransız ekonomistler Pierre-Jean Benghozi ve Françoise Benhamou da bu konuyu ele almışlardır. CD ve DVD'lerin internet üzerinden satışını analiz etmişlerdir. Bu çalışmaya göre, uzun kuyruk etkisi ortaya çıkmaktadır, ancak bu etki o kadar yavaştır ki herkes tarafından bilinen piyasa yapısını sarsması pek mümkün görünmemektedir. Aslında, müzik ürünlerinin %10'undan daha azı satışların %90'ından fazlasını temsil etmekte ve en çok ticarileşen on başlık toplam gelirler içindeki paylarını artırabilmektedir.

Ancak asıl eleştiri Anita Elberse'den (Harvard'da Ekonomi Profesörü, 1973 doğumlu) geliyor. Elberse, kültür ve eğlence piyasaları üzerine on yıl süren araştırma ve analizlerinin ardından bunun aksini göstermeyi başardı. Elberse'ye göre internet, bireyler ve kültürel çeşitlilik arasındaki ilişkide bir devrim yaratmadı; aksine, çok satan kitapların piyasayı her zamankinden daha fazla belirlediğini ifade ediyor. Dolayısıyla internet çağında en güçlü olan 'kuyruk' değil 'baş'tır. *Blockbuster* (2013) adlı kitabında Dr. Elberse, film endüstrisini kullanarak ifadelerini örneklendirmekte ve çok satanlara yapılan finansal yatırımlar bu kadar büyükse (ve dolayısıyla riskliyse); bunun yalnızca böylesine belirsiz bir piyasanın doğasında var olan risklerden korunmak için olduğunu açıklamaktadır. Buna inanmak biraz zor görünüyor.

 ## SINEMA ENDÜSTRISI

Bir filmin yapımı 10 milyon dolara mal olurken, bir diğerinin 100 milyon dolara mal olmaktadır. Tüketicinin ödeyeceği fiyat, filmin yapım maliyeti ne olursa olsun tamamen aynı olacaktır: filmi sinemada izlemek DVD'sini satın almaktan daha pahalı ya da daha ucuz olmayacaktır. Dolayısıyla, mantıken, en ucuz yapım maliyetine (10 milyon dolar) sahip filmin en büyük getiriyi elde etmesi gerekir: dahası, yapım stüdyosu 100 milyon dolarlık bir bütçeyle bir yerine 10 film üretmeyi göze alabilir. Bu durumun gişe rekortmeni filmlerin lehine dönmesi nasıl düşünülebilir?

Anita Elberse, pratikte sadece gişe rekorları kıran filmler (*Harry Potter, Sherlock Holmes,* vb.) üreten ve 'risk almamanın' kendisi için bir risk olduğu Warner Bros. örneğini geliştirerek bu fikri pekiştiriyor. Stratejisini büyük yapımlara dayandıran bu şirket, ABD gişelerinde 11 yıl üst üste bir milyar ABD dolarını aşan ilk film stüdyosu oldu.

Uzman, tam tersi bir strateji sunmak için, o dönemde Jeff Zucker (1965 doğumlu) ve Ben Silverman (1970 doğumlu) tarafından yönetilen NBC Universal ağı örneğine odaklanmaktadır. Maliyetleri ve riskleri azaltmaya yönelik bir strateji ile karlarını maksimize etmek isteyen şirketlerinin başarısızlığı kısa sürede tecrübe edildi. Gelir zincirini sağlamaya çalışırken dünya sineması oyuncuları ya da yapımcılarıyla devasa fiyatlara büyük prodüksiyonlara sırt çeviren NBC, bir kenara çekilmeye başladı. Bu hırs ve finansman eksikliğinin yanı sıra risk alma konusundaki eksiklikleri, sektör profesyonellerinin ilgisizliğine ve sıralamadaki yerlerinin birincilikten dördüncülüğe gerilemesine yol açtı.

Yazar daha sonra düşüncesini diğer alanlara genişletiyor ve bu olgunun tekrarlandığını göstermeye çalışıyor. Ona göre, bu konuda hiç şüphe yok: kâr getiren ve satışların finansal kârlılığının çoğunu sağlayan çok satanlardır. Bugün, uzun kuyruk teorisini takip eden şirketler bile gişe rekortmenlerinin eşsiz mantığına teslim olmaya başlıyor; Netflix veya Amazon'da durum böyle. Bu stratejiyi benimseyen rakiplerinin etkileyici satış rakamları göz önüne alındığında, birçoğu analizlerini yeniden yönlendiriyor.

İLGİLİ MODELLER VE UZANTILAR

Bu bölüm uzun kuyruk teorisiyle ilgili üç model içermektedir. Uzun kuyruk teorisine atıfta bulunarak bunlardan birkaç kez bahsettikten sonra, Pareto ilkesi ve buna olası bir yanıt olan ABC modeli daha da geliştirilmektedir.

Tüm dağıtım modellerinin bu üç modele indirgenemeyeceğini ve başka modellerin de mevcut olduğunu söylemeye gerek yok.

Pareto ilkesi

İlgili modellerden en bilineni 80-20 kuralı olarak da adlandırılan Pareto ilkesidir. Tıpkı uzun kuyruk teorisi gibi Pareto prensibi de satış ve pazarlama stratejileri için bir geliştirme aracı olarak kullanılmasının yanı sıra istatistiksel bir araç olarak da kullanılmaktadır. Bu bağlamda biz ilk kullanıma odaklanacağız.

Dolayısıyla, Pareto ilkesine göre, 'etkilerin %80'i nedenlerin %20'sinin ürünüdür'; bu da iş diline 'ürünlerin %20'si satışların %80'ini oluşturur' veya 'müşterilerin %20'si satışların %80'ini oluşturur' şeklinde çevrilebilir. Evrensel niteliğine rağmen, bu ilke her alanda bilimsel olarak kanıtlanmamıştır. Örneğin bazıları, müşterilerin yalnızca %20'sinin cironun %80'ini oluşturduğuna inanmaktadır. Doğruluk konusundaki bu endişenin yanı sıra, 80-20 kuralı, uygulandığı sektöre ve şirketin departmanına göre uyarlanmalıdır.

Dahası, bu ilke verimlilikle ilgili endişeleri de beraberinde getirmektedir. Eğer ürünlerin %80'i – en az satılanlar – bir miktar gelir elde ediyorsa (muhtemelen %20), fırsat maliyeti büyük ölçüde azaltılırsa bu oran arttırılabilir. Chris Anderson'ın uzun kuyruk teorisinde ortaya koyduğu da budur.

ABC modeli

ABC modeli ek bir bakış açısı sağlamaktadır. Pareto ilkesinin ara katmanları göz ardı ettiğini ve bu nedenle bunların önemini değerlendirmenin zor olduğunu varsayar.

ABC modeli etkileri üç kategoride sınıflandırır. Bu şekilde, daha az kârlı katmanlar bile dikkate alınır.

- Kategori A: Müşterilerin %20'si satışların %80'ini oluşturur.

- Kategori B: Müşterilerin %30'u satışların %15'ini oluşturur.

- Kategori C: Müşterilerin %50'si satışların %5'ini oluşturur.

Blockbuster stratejisi

Anita Elberse'ye göre kültür ve eğlence piyasasındaki cironun büyük bölümünün nedeni gişe rekorları kıran filmler.

SONUÇ

Chris Anderson'ın modeli, Pareto ilkesi ve ABC modelinin bir tamamlayıcısı olarak sunulmaktadır. Belirli bir pazara uygulandığında, uzun kuyruk aslında bu iki modele paralel bir teori geliştirir, ancak onları itibarsızlaştırmaz.

Buna karşılık, Anita Elberse'nin teorisi uzun kuyruk teorisini eleştirmekte ve geçerliliğini sorgulamaktadır.

ÖZET

- Uzun kuyruk teorisi, 2004 yılında Chris Anderson tarafından dijital sektör bağlamında oluşturulan ve tanıtılan istatistiksel ve ekonomik bir modeldir.

- Bu model, teknolojik gelişmelerle mümkün kılınmış ve üretim, depolama ve dağıtım maliyetlerinin düşük olması veya hiç olmaması nedeniyle dijital mal veya hizmetlerin satışı bağlamında uygulanabilir hale gelmiştir.

- Pareto ilkesinin tamamlayıcısı olan uzun kuyruk teorisi, bu özel sektörde en popüler ürünlerin mutlaka en yüksek ciroyu sağlayan ürünler olmadığını varsayar.

- Chris Anderson'a göre, uzun kuyruğun 'kuyruğundan' faydalanmak uzun vadede karlılık imkanı sunuyor.

- Dr. Anita Elberse Chris Anderson'ın modelini kınıyor. 10 yıllık bir araştırmanın ardından, internet çağında bile gişe rekorları kıran filmlerin kültür ve eğlence piyasasını belirlediğini iddia ediyor.

- Uzun kuyruk teorisinin yanı sıra, diğer dağıtım sistemlerini temsil eden başka modeller de vardır: özellikle Pareto prensibi ve ABC modeli.

- Uzun kuyruk modeli internette SEO stratejisinin bir parçası olarak uygulanabilir. Tavsiye: Kendinizi daha az rekabetçi ve daha spesifik pazarlarda konumlandırmanız, uzun kuyruk SEO'sunun olumlu etkilerinden faydalanmanızı sağlar.

DAHA FAZLA OKUMA

BİBLİYOGRAFYA

Anderson, C. (2012) *The Long Tail: Why the Future of Business Is Selling Less of More.* Paris: Flammarion.

Andrieu, O. (2008) Pourquoi la notion de "Longue Traîne" est-elle nécessaire dans une stratégie de référencement ? *Abondance.* [Çevrimiçi]. [Erişim tarihi 21 Nisan 2015]. Erişim adresi: < http://docs.abondance.com/question123.html>

Avenier, M. (2014) La longue traîne une stratégie de référencement. *Le guide.* [Çevrimiçi]. [Erişim tarihi 21 Nisan 2015]. Erişim adresi: < http://www.abime-concept.com/blog/2014/03/27/la-longue-traine-une-strategie-du-referencement/>

Benghozi, J-P. ve Benhamou, F. (2008) Longue traîne : levier numérique de la diversité culturelle. *Culture prospective.* [Çevrimiçi]. [Erişim tarihi 21 Nisan 2015]. Erişim adresi: < http://www2.culture.gouv.fr/deps/fr/traine.pdf>

Bloquet-Prevost, C. ve Manneval, M. (2014) Exploitation des données fournies par les utilisateurs : l'enjeu de l'économie numérique. *Revue Sorbonne.* [Çevrimiçi]. [Erişim tarihi 21 Nisan 2015]. Erişim adresi: < http://www.univ-paris1.fr/fileadmin/diplome_M2OFIS/OFIS_2013-2014/Articles/article_Revue_OFIS_mars_2014_Bloquet-Prevost_Manneval.pdf>

Cassini, S. (2015) Les coûts cachés du cloud. *Les Échos.* [Çevrimiçi]. [Erişim tarihi 21 Nisan 2015]. Available from:

< http://www.lesechos.fr/journal20150331/lec2_high_tech_et_medias/0204266382278-les-couts-caches-du-cloud-1106920.ph>

Delers, A. (2014) *Pareto İlkesi.* Brüksel: Lemaitre Yayıncılık.

InfoWebMasterRéférencement. (2008) *Longue traîne.* [Çevrimiçi]. [Erişim tarihi: 21 Nisan 2015]. Erişim adresi: < http://www.infowebmaster.fr/40,news-referencement-longue-traine.html>

Jimdo. (2013) *5 conseils pour rédiger des textes optimisés pour Google.* [Çevrimiçi]. [Erişim tarihi 21 Nisan 2015]. Şu adresten erişilebilir: <http://fr.jimdo.com/2013/12/27/5-conseils-pour-r%C3%A9diger-des-textes-optimis%C3%A9s-pour-google/>

Lacomblet, D. (2014) İnternet. La longue traîne n'a-t-elle pas toujours été qu'une utopie ? *Slate Reader.* [Çevrimiçi]. [Erişim tarihi 21 Nisan 2015]. Erişim adresi: < http://www.slate.fr/tribune/84585/longue-traine-blockbusters>

Le Cam, N. (2013) La longue traîne, l'atout de votre SEO. *LunaWeb.* [Çevrimiçi]. [Erişim tarihi 21 Nisan 2015]. Erişim adresi: < http://blog.lunaweb.fr/seo-longue-traine/>

Mataf.net. (Tarih yok) *Définition coût d'opportunité.* [Çevrimiçi]. [Erişim tarihi 21 Nisan 2015]. Erişim adresi: < https://www.mataf.net/fr/edu/glossaire/cout-d-opportunite>

Wifeo. (Tarih yok) *Qu'est-ce que la longue traîne (ou long tail).* [Çevrimiçi]. [Erişim tarihi 21 Nisan 2015]. Erişim adresi: < http://www.wifeo.com/documentation-77.html>

EK KAYNAKLAR

Afuah, A. (2014) *İş Modeli İnovasyonu: Kavram, analiz ve vakalar.* New York: Routledge.

Elberse, A. (2013) *Blockbusters.* New York: Henry Holt kitapları.

Chris Andersen'in blogu. http://www.longtail.com/

Sizden haber almak istiyoruz!
Çevrimiçi kütüphaneniz hakkında yorum bırakın
ve favori kitaplarınızı sosyal medyada paylaşın

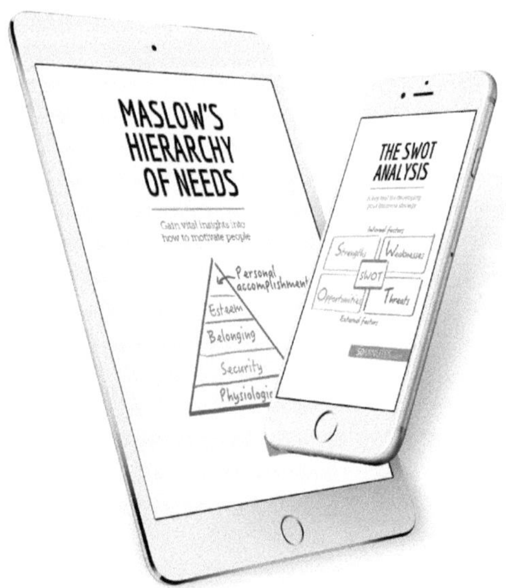

IMPROVE YOUR GENERAL KNOWLEDGE

IN THE BLINK OF AN EYE!

www.50minutes.com

Ana ISBN : 9782808600729
Kağıt ISBN : 9782808602174
Yasal depozito: D/2022/12603/218

Dijital tasarım: Primento, yayıncıların dijital ortağı.